Das erste Mal!
Ein Foto für die Mappe...?
Ra

Renate Alf

ErzieherInnen in Bestform!

HERDER

FREIBURG · BASEL · WIEN

Renate Alf

Geboren 1956 in Göttingen. Studium (Biologie und Französisch) in Freiburg, anschließend Referendariat am Gymnasium. Hinterher lieber als Cartoonistin gearbeitet. Zurzeit regelmäßig in den Zeitschriften „kindergarten heute", „Erziehungskunst" und „mit kindern wachsen". Zahlreiche Buchveröffentlichungen. Verheiratet, 4 Kinder, 1 Enkelkind.

www.renatealf.de

Anfragen wegen Verwendung einzelner Cartoons bitte direkt an die Zeichnerin (info@renatealf.de)!

MIX
Paper from responsible sources
FSC® C010798
FSC www.fsc.org

www.herder.de

Gesamtgestaltung: Sabine Ufer, Verlagsherstellung, Leipzig
Illustration außen und innen: © Renate Alf, Weimar
Herstellung: Graspo CZ, Zlín
Printed in the Czech Republic

ISBN 978-3-451-34885-3

Einsam?
Zweisam!
Achtsam??

KITA
Ich soll hier ein Kind abliefern!
Ra

Die Sicherheits-
beauftragte ist
in Urlaub!
Ra

Kinder! Hopphopp! Gleich wird experimentiert!
Ra

BüroKram

Stell dir vor: Sankt Josef hat alles nur digital! Personalien, Dienstplan, Dokumentation...
Wenn da mal was abstürzt...!!
Ra

He! Sind Sie nicht Bennis Erzieherin...??
Grad nicht!
Ra

Sie durften heute ihr Lieblingsspielzeug mitbringen.
Ra

Weihnachten? Da wurde Jesus geboren. In einer Krippe.
War seine Mama Erzieherin?
Pa

Ist dort der Catering-Service? Raten Sie mal, was wir aus Ihrer Suppe gefischt haben!
† Mausi
Ra

Und wow!!! Der Schneeball schmilzt!!
Frau Kroll ist leicht zu begeistern!
Ra

Halber Mantel ??
Ra

DIE SCHLECKER-MÄULCHEN
Alleinstellungs-merkmal!
Ra

Früher waren diese Bäckerei-Besuche irgend-wie spannender!
plopp!
Ra

Und wo steckt der neue ergonomische Spezialstuhl??
Baaahn frei!!!
Ra

Heute:
MATSCH-
PROJEKT!
Aber nicht dreckig machen!
Pa

Konstruktive Mediennutzung in der Kita
Können wir vielleicht mal anfangen ??
Ra

Juhuu!!!
Nix zu finden…!
Sicherheit §§§
Ra

Bauecke
Umschmeiß-Ecke
zack!
„paff!

Erlauben wir Spritzpistolen beim Sommerfest?
Nur ohne Munition!
Pa

Zu noch!
Beschwerden

Heidanei !!!
Bitte auf Hochdeutsch!
Pa

Partizipation in der Kita
Kiddies, ihr stört!!
Ra

Die Kita für Männer attraktiv machen!
Urinal
Ra

HUNDE-
TAGESSTÄTTE
Wir sind auf der Warteliste!
Ra

ZIRKUS-REIF
KITA
Jetzt dokumentier mal sowas!
08/15
Ra

Wir haben Rechtsanspruch auf einen Krippenplatz!
Ra

Brokkoli ??

Guckt mal alle! Sven hat eine Baby-Schwester bekommen!
Eigentlich wollte ich einen Hund.
Ra

Sommertag

Langsam könnte er auch mal einen Stift in die Hand nehmen!
$P_0 + pgh_a + \frac{p \cdot v_a^2}{2} = P_b + pgh_b + \frac{pv_b^2}{2}$??
Ra

Elternabend?!? Da kenn ich doch keinen!
Eben!
Ra

Das ChristKind bringt die Geschenke!
Der Weihnachtsmann!
Quatsch! Mama und Papa!
Du Karin...??
Guckt mal! Ein Grünspecht!!
Ra

Hehe!!
Sibylle!
Nicht mogeln!
Mo-Fr:
Spielzeug-
frei!
Ra

Quereinstieg?
INSOLVENT!
Ra

früher:
Wespennest!
heute:
Insekten-
Hotel!
??
Pa

Fasching ohne Waffen!
peng!
peng!
peng!
peng!
peng!
Pa

Pssst! Frau Herzog schläft!

Frühstücks-Buffet

Mensch Paule!! Jetzt stell dir nich so an!
„Berliner Eingewöhnung"??
Ra

Qigong für ErzieherInnen

Und jetzt gut pusten bis 48,5 °C erreicht sind!
SICHERHEIT
§§§
Ra

Frau Knoll war früher Kranken-schwester!
Toll!
Da kann man die Kids jetzt auch krank in die Kita schicken!
Ra

Nicht rechtzeitig abgeholte Kinder werden kostenpflichtig abgeschleppt.
TAXI

Hohoho! ... Moment, falscher Text!
Ra

KITA
Haben Sie als kleiner Junge bestimmt auch gemacht!
Ra

Tante Martha! Jesus hat schon wieder den Malventee in Fanta verwandelt!
Ra

Angemeldet

Erzieherin mit 60

KITA
Kleine Panne bei einem naturwissenschaftlichen Experiment!
Presse-sprecher
Ra

Und? Was macht euer Gemüse-Projekt...?
SCHNECKEN
Knips!
Ra

Sie sind bestimmt die neuen Vorlesepaten!
Erwachet!
KITA
Ra

Makrobiotisch-vegan für Jonas...
Aber mit dick Nutella drauf!
Ra

Sie haben uns gerade noch gefehlt!
Ra

Männliches Rollenvorbild!
Gewonnen!
Ra

Moment, Moment! Ich dokumentier das gerade noch!
Ra